ESSAI

SUR LE DUEL

ET

SUR LES LOIS QUI LE CONCERNENT.

PAR

LE BARON A. DE SECKENDORFF.

L'Honneur est mon tyran.

Prix : 1 fr. 25 c.

STRASBOURG,

IMPRIMERIE DE G. L. SCHULER.

1831.

ESSAI

SUR LE DUEL

ET

SUR LES LOIS QUI LE CONCERNENT.

DÉDIÉ

A LA CHAMBRE DES PAIRS ET A CELLE DES DÉPUTÉS

DE FRANCE

PAR

Le baron A. de Seckendorff.

———

BADEN,

DE L'IMPRIMERIE DE GEORGE SCOTZNIOVSKY.

EN COMMISSION CHEZ LES LIBRAIRES DE STRASBOURG.

1831.

L'honneur est mon tyran.

ESSAI

SUR LE DUEL ET SUR LES LOIS QUI LE CONCERNENT.

Dans les séances des Pairs et des Députés à Paris , on a , à plusieurs reprises , parlé de l'introduction d'une loi sur le duel, et si je suis bien informé , l'on n'est encore d'accord ni sur le projet de cette loi, ni sur l'urgence même de la présenter.

Il y a 26 ans que j'ai publié une brochure sur le duel en Allemagne ; j'y ai parlé des usages dont il est accompagné dans ce pays, et des moyens de l'abolir ou de le restreindre. Comme cette brochure n'est pas connue en France , et qu'elle est oubliée en Allemagne, je crois à propos de traiter encore une fois ce sujet , et de le soumettre à l'examen des deux Chambres. Monsieur De Vaulx , avocat général près la cour royale de Colmar, a déjà écrit sur cette matière avec beaucoup de talent , et, à mon avis, il sera bien difficile de présenter quelque chose de plus solide d'après les vues philosophiques. Il me semble cependant que l'ensemble du sujet est susceptible d'être exposé avec plus de clarté encore, en ajoutant quelques détails sur les moyens d'arrêter le duel, en rappelant les lois anciennes rendues à cet égard , et les procédés observés dans ces sortes de combat. Qu'il me soit donc permis de transmettre aux deux Chambres les notices suivantes sur ces différents points.

Le duel est la vengeance personnelle d'un homme blessé dans son honneur ; et à parler rigoureusement, seulement dans le cas où la vengeance légale ne satisfait point celui qui est offensé, ou qu'il croit voir un nouveau préjudice pour lui dans la publicité de la peine ordonnée par les lois. Le père, le frère , ou tout autre protecteur d'un sexe timide et faible , lorsqu'il se trouve offensé par l'atteinte portée à celle qu'il est appelé à défendre, souvent ne voit plus que le duel pour punir le coupable, parce qu'une satisfaction légale mais publique n'ajouterait qu'à l'éclat du scandale. Ce cas résulte non seulement de la séduction, de la calomnie, des sarcasmes, des insultes, il existe aussi lorsque l'amant se joue de la foi de ses engagements envers la maîtresse , ou que le libertin ne craint pas de souiller la couche conjugale. Je ne cite ces deux derniers cas que comme des exemples ; car dans les classes bien élevées toute publicité d'une offense est plus préjudiciable qu'utile à celui qui l'a reçue. L'ambitieux fait plutôt le sacrifice de sa vie que de son honneur; il lui est impossible d'après ses maximes et ses sentiments de supporter l'existence, lorsque le dernier comme aussi le meilleur des hommes pourrait le regarder d'un air de dérision ou de mépris, ou que des personnes sans élévation dans les sentiments et guidées par la haine, la malignité ou l'intérêt voulussent se permettre à son égard des offenses semblables.

C'est par cette raison que de toutes les nations civilisées de l'Europe, les Français ont été les plus chauds partisans du duel, bien qu'il ne soit pas prouvé si ce furent les Gaulois ou les Germains qui les premiers regardèrent ces combats comme des jugements de dieu.

De Hennincs, dans son Histoire du duel, pense que les peuples du nord introduisirent ce moyen de défense en Allemagne, dans la Bourgogne, en France, et dans le reste de l'Europe. On dit que Gondebaud, roi de Bourgogne, fut le premier qui l'institua d'une manière légale. L'Europe, cette partie la plus civilisée de notre globe, a déjà trop souffert de cette maladie morale qu'on dit incurable, et cependant le fantôme de l'honneur outragé jusqu'ici n'a pas connu d'autre remède que le duel. Beaucoup d'hommes d'état versés dans tout ce qui tient aux affaires de la police et de l'administration gouvernementale, des hommes expérimentés en politique et ennemis du despotisme ont essayé d'y suppléer par d'autres moyens; ils se sont efforcés de représenter le duel comme une coutume barbare et dangereuse pour la société : mais nonobstant ces efforts, on n'a pas encore trouvé ni un remède radical, ni même une mesure de compensation; encore moins a-t-on réussi à établir d'une manière évidente que le duel soit en effet aussi dangereux qu'on aime à le répéter, ou qu'il en résulterait plus de mal que de bien, si l'on voulait absolument l'interdire.

Des papes et des évèques le condamnèrent en plein concile dès l'an 855. Frédéric I.ʳ défendit les duels en Sicile, Erédéric II accorda aux habitants de Vienne le privilège spécial de pouvoir rejeter toute provocation au duel; Guillaume, comte de Flandres, publia une loi pareille l'an 1127. En France, ce furent Louis VII en 1168, et St.-Louis (1260) qui les premiers se déclarèrent contre ces combats d'honneur. Philippe-le-bel les défendit en 1306. L'un de ses successeurs, Henri II, s'engagea

par un vœu solennel à ne plus les tolérer, quand Vivenne périt
en présence de la cour, frappé de la main de CHABOT. Le maréchal BRISAC, en Piémont, eut l'idée de permettre le duel tout
en le rendant difficile et dangereux, dans la vue d'en dégoûter
les plus susceptibles. Les combattants étaient obligés de décider
leur affaire sur un pont, entourés de quatre poteaux. Le vaincu
était jeté dans l'eau, sans qu'il fut permis au vainqueur de lui
accorder la vie. Louis XIV, roi de France, rendit l'an 1679
un édit fort sévère contre le duel, édit qui, dans la suite, fut
juré et confirmé par Louis XV. Le duelliste vainqueur devait
subir la mort sans pitié. Mais cette mesure de rigueur ne fit
pas renoncer au duel ; comme les seconds ou témoins étaient
regardés comme indispensables au duel, on sut bientôt éluder
la loi, on n'eut plus de seconds, mais bien des spectateurs
comme témoins. Ces sortes de duels furent surnommés des
rencontres. Dans la rencontre les deux adversaires s'attaquent
dès qu'ils viennent à se trouver ensemble. L'emportement lui
sert d'excuse, tandis que le duel (où l'on fixe d'avance le
jour et l'heure, où l'on choisit des seconds et d'avance se
prépare pour la fuite) paroît d'autant plus inexcusable qu'il
peut être considéré comme un meurtre prémédité. En ce cas,
les combattants auraient eu le temps de réfléchir et de s'expliquer pour amener un accommodement, s'ils n'avaient pas eu
d'avance la ferme résolution de se blesser ou de se tuer.

Le roi qui n'avait prêté serment que par rapport aux duellistes,
céda aux désirs de la noblesse, et assura le pardon à ceux qui
auraient tué leur adversaire dans une rencontre.

Dans d'autres pays, les lois prononcèrent l'infamie contre le
duelliste ; mais comme l'homme offensé ou provoqué qui n'aurait
pas accepté, était méprisé à la cour du prince régnant, la loi
fut contrainte d'ignorer le combat. Je pourrais citer des exemples
où un maréchal de la cour défendit à l'offensé d'y paroître
avant d'avoir terminé son affaire d'honneur. D'après le code
prussien, presque tous les crimes se prescrivent, à l'exception du
duel ; un jeune homme qui se serait battu dans quelque université, peut être requis et puni par le tribunal encore à l'âge
de 70 ans, lorsque des juges mal intentionnés désirent sa
punition ; ou que de vils dénonciateurs forcent les juges à
s'enquérir de l'affaire.

Dans les temps où le clergé forgeait des chaînes pour l'humanité du fond de sa retraite obscure et où la noblesse saccageait à la lumière du jour, l'un se servait du serment et l'autre du glaive pour défendre de prétendus droits.

Le clergé n'avait qu'à attester par le serment un document, pour avoir gain de cause devant les tribunaux.

Le parjure devint si fréquent que, d'après une loi rendue à Vérone sous Otton et Conrad de Bourgogne, le litige devait se décider par un duel, toutes les fois qu'un document serait déclaré faux ou suspect. Les faux serments étaient déjà si communs sous Charles-Magne, que, d'après la loi lombarde (21 B.S. 55 §. 23), la nation représentait à l'empereur, qu'il valait mieux rétablir le duel. C'est ce qui arriva. C'est donc en vain que les gouvernements cherchèrent à le remplacer par quelque équivalent.

Ce fut en vain aussi que des sociétés s'organisèrent pour hâter son abolition, et les savants de tous les temps n'ont pas obtenu plus de succès en recherchant les moyens propres à l'arrêter ou plutôt à l'abolir entièrement. Ceux qui enseignent la morale et la religion ont fait de vains efforts pour proscrire ce dangereux usage. Frédéric-le-Grand le regarda comme un mal nécessaire pour le maintien de l'honneur militaire, et il donna comme roi en propre personne, dit-on, un exemple frappant de satisfaction à l'un de ses régiments. C'est là un fait dont je ne garantis point l'exactitude. On rapparte que le roi, s'oubliant un jour, frappa de sa canne un officier qui avait manqué à son devoir. Le lendemain, les officiers en corps se placèrent en front sans obéir au commandement. Le roi s'étant informé de la cause de cette désobéissance, le commandant répondit au nom de ses compagnons d'armes, qu'ils ne pouvaient plus continuer le service, vû que Sa Majesté les avait déshonorés en maltraitant leur camarade. Le roi fit venir aussitôt l'offensé, et ayant tiré l'épée, il dit : je dois satisfaction au régiment. On pense bien que l'officier, loin d'écouter cette provocation, se jeta aux pieds de son maître pour lui rendre grâces de son honneur rendu. Ainsi donc l'honneur de l'offensé et de tout le corps fut vengé sans que celui-ci eût tiré l'épée, ce qu'il n'aurait pu faire sans commettre un crime de lèse majesté.

On s'est souvent demandé qu'elle pouvait être l'origine du duel, et l'on a émis différents avis sur ce sujet. Beaucoup d'écrivains recherchent cette origine dans les temps obscurs de la barbarie ; d'autres la trouvent fondée sur la superstition des siècles passés. Ceux-ci prétendent qu'on se formait alors des idées très-justes sur la probité, l'honnêteté et la bonne foi, telles qu'on les recontre chez les hommes barbares et sans culture de l'esprit; mais qu'on y mêlait en même temps un tel degré de superstition qu'on était convaincu que l'homme injuste succomberait infailliblement dans un soi disant jugement de dieu, grâces à la juste providence. Par suite de cette croyance erronnée, le duel non seulement était permis, mais ordonné, et exécuté sous les auspices de l'autorité judiciaire. Personne ne doutait que le vaincu ne fût un homme injuste et réprouvé, et c'est pour cela qu'on l'accablait de tant de mépris, qu'on lui refusait jusqu'à l'honneur suprême de la sépulture. Ainsi protégé et favorisé par l'autorité supérieure, le duel se multiplia d'une manière effrayante; chacun était exercé aux armes pour défendre son honneur s'il le fallait, on voyait même des hommes dont le métier journalier était de se mesurer avec les autres. Tous ces procédés finirent par compromettre la sûreté publique, et les gouvernements avisèrent aux moyens d'arrêter un mal qui affligeait la société. Alors on abolit les jugements de dieu et l'on proscrivit sévèrement le duel. Mais le vice étoit trop profondément enraciné ; le parti qui tenait aux priviléges des armes, c'est-à-dire la noblesse, était accoutumée à juger de l'honneur ou de l'opprobre, selon les chances du combat, et c'est par cette raison que le duel subsistait malgré la défense et qu'il s'est maintenu jusqu'à nos jours. D'après l'histoire déjà citée de HENNINGS, on trouve dans les années 1256, 1306, 1308, 1311, 1333, 1334, 1341, 1354, 1376, 1386, 1396 et 1404 des causes soumises au jugement du Parlement à Paris, où le duel tantôt était reconnu et tantôt condamné. Souvent il y eut provocation pour cause d'adultère, de viol et d'empoisonnement. Mais les affaires civiles et criminelles (p. ex. des dettes de 12 pfennings ou 5 schillings) n'étaient pas les seules soumises à l'épreuve des armes, souvent même des questions de droit et des dogmes ou réglements théologiques étaient résolus de cette manière.

C'est ainsi que sous OTTON I.r l'on décida de la question du droit de succession, et que sous ALPHONSE VI, roi de Castille, l'on prononça sur la question s'il fallait ou non maintenir le rite mésarabique. Les juges entraient en lice tantôt avec ceux qui n'obéissaient pas à leurs ordres, tantôt avec les partis pour justifier leurs sentences. La distinction de la naissance et du rang n'était pour rien dans les combats judiciaires; car le combat était non seulement le privilège du chevalier , mais aussi un moyen de défense légale , moyen commun à tous , depuis le noble chevalier jusqu'au simple serf. Lorsqu'un homme de naissance se battait avec un vilain, il devait se présenter armé d'un bouclier et d'un bâton , et revêtu d'une simple chemise. Les ecclésiastiques avaient leurs champions , et les hommes querelleurs avaient à leur solde des individus toujours prêts à soutenir la cause de leur patron avec la pointe de leur épée. Il n'y avait que les blessés, les jeunes gens au-dessous de 15 , ou, selon d'autres, au-dessous de 21 ans, et les vieillards âgés de plus de 60 ans qui fussent exempts du combat. Les Juifs n'avaient droit à se battre que pour cause de meurtre. L'ordonnance légale du duel était de la seule compétence de l'autorité supérieure et privilégiée. Louis III ordonna à Hugo de Creccy, accusé d'un meurtre, de défendre son innocence dans un duel. Il y avait diverses lois pour décider de la validité du combat. C'est ainsi que nul ne pouvait se justifier par le duel d'un crime qu'il aurait commis réellement, et en ce cas, quand il était de notoriété publique que l'accusé était coupable d'une action ignominieuse, il n'y avait pas lieu à ordonner le duel, mais à rendre un jugement conformément aux lois. Et lorsqu'une affaire litigieuse , un différend, venait une fois à se terminer, cette même cause ne pouvait plus servir de prétexte à une nouvelle provocation.

On préférait, à ce que dit aussi Montesquieu, un combat douteux à une punition certaine de sa faute ; ainsi le duel devint un moyen de justifier les coupables. L'idée de l'honneur différait cependant absolument de celle que nous nous en formons aujourd'hui. Les mauvais traitements étaient estimés selon l'intensité de la douleur et non d'après le déshonneur qui en résulterait : un seul coup , un soufflet importait peu alors. De nos jours, la plus légère offense par voie de fait équivaut à toute autre insulte plus grave et plus douloureuse. D'après la loi de la Frise , celui qui a reçu des coups de bâton ne percevait qu'un demi schelling de dédommagement, mais il avait droit à une somme bien plus forte pour chaque blessure , quelque petite qu'elle fût. D'après la loi salique, un homme libre payait à tout autre individu de la même condition trois sous pour trois coups de bâton; mais s'il l'avait blessé, il payait autant que pour une blessure frappée avec le glaive, c'est-à-dire 15 sous. L'amende augmentait avec la grandeur de la plaie. D'après la loi des Lombards, le dédommagement était aussi évalué en raison du nombre des coups ou des blessures. La même loi ordonnait de se battre armé d'un bâton; quelques écrivains pensent que c'est par l'influence du clergé, d'autres disent que c'est une mesure pour empêcher une trop grande effusion de sang, d'autant plus que le duel était devenu général en ce pays. St.-Louis accorda le libre choix entre le bâton et les autres armes. Plus tard, le bâton était exclusivement réservé pour les serfs. Dans quelques pays, les nobles combattaient à cheval avec leurs armes, tandis que les vilains se défendaient à pied sans avoir d'autre moyen de défense excepté le bâton. Ceux-là avaient le visage couvert par la visière, ceux-ci l'exposaient tout nu aux coups de leurs adversaires.

Lorsqu'un individu soutenait en présence du juge un fait contesté par un autre, ils devaient aussitôt entrer en lice. Celui qui aurait une fois refusé de se battre, ne pouvait plus suivre un avis différent. Il est possible, dit Montesquieu, que plusieurs maximes de nos jours datent de ces usages des temps passés. Du nombre de ces préjugés transmis de siècle en siècle seraient: 1.º l'ignominie des coups de bâton, autrefois seul moyen de défense du serf. 2.º L'opprobre qui résulte d'un soufflet, parce que anciennement le serf seul pouvait être atteint dans cette partie. 3.º La nécessité de se battre, lorsqu'on vient nous accuser du mensonge, et 4.º la sainteté d'un engagement contracté par la parole d'honneur.

Toutes ces règles de conduite appartiennent aux temps modernes; quant à nos aïeux, ils distinguaient tout aussi moins que les autres barbares entres les coups de bâton et autres offenses de cette espèce; la seule intensité plus ou moins grande de la douleur physique faisait la différence. Parmi les lois que Saxon attribue au roi Frothon, la 11. , 12.ᵉ et 13.ᵉ déterminent le duel; mais toutes ces lois sont trop peu étendues pour nous révéler le véritable génie de ces temps long temps effacés. Le fer décidait, les combattants n'osaient pas quitter le terrain, tous deux devaient être de la même force corporelle, et par cette raison les athlètes ou combattants de profession n'étaient armés que d'une petite massue. Mallet ajoute que, d'après les lois islandaises, celui qui d'un pied aurait franchi le terrain du combat, pouvait se racheter à l'aide de trois marcs d'argent, et que celui dont le sang aurait coulé ou qui aurait succombé dans un combat reconnu légal, avait perdu son procès.

On reconnaît une amélioration de l'esprit du siècle dans la 9.e loi, qui assurait une récompense considérable à celui qui sortirait des rangs de l'armée pour tenir tête à un ennemi. Un esclave, dans ce cas, était déclaré libre, un paysan (déjà libre) devenait noble, un noble avait droit au gouvernement d'une ville, d'une province.

Ce zèle entretenait le courage dans l'armée; comment alors, lorsqu'il s'agissait du salut de la patrie, l'un se serait-il laissé surpasser par un autre!

Les combats judiciares durèrent en Danemark jusqu'au règne de Harald, surnommé *Dentbleue*, qui introduisit la loi de Tomsbourg, ou bien jusqu'à son neveu Canut-le-Grand, lorsque Regner Lodbrog et d'autres législateurs eurent fait de vains efforts pour les abolir. Dans l'édit sur le duel du 31 janvier 1623, on s'aperçoit clairement de la transition de l'ancien droit du plus fort à l'usage de provoquer des modernes. D'abord il porte qu'il y avait alors beaucoup de provocations, de rixes et de combats par suite de causes sans importance et même ignobles, ne concernant ni l'honneur ni la probité; et que maint homme était endommagé à son corps, à sa santé et même arraché à la vie. Ensuite, on ajoute qu'on ne pouvait tolérer plus long temps un pareil désordre, d'autant plus qu'on en était déjà venu au point que l'un allait provoquer l'autre au duel et au combat à l'effet d'échanger des coups et des balles. Il est donc ordonné de ne pas aller outre mesure dans les provocations et les rixes; quant aux duels et combats à cheval, ils sont absolument défendus, sous peine d'encourir une sévère punition. Ainsi donc, l'on ne distinguait pas encore assez entre le duel et les rixes, et ce n'est qu'avec l'origine progressive d'un meilleur genre de vie que ces dernières s'effacèrent insensiblement. Le manque de distinction entre le duel et le chamaillis apparoît encore dans un *Mandatum de non effendendo* du 6 septembre 1610, où il est ordonné que personne ne devait provoquer un autre ni ouvertement ni secrètement, soit dans son propre intérêt, soit dans celui de ses domestiques, de ses aides ou de ses suppôts, de venir à pied ou à cheval, échanger des balles, des coups d'épée ou se traîner par les cheveux soit en plein jour, le soir ou pendant la nuit. Au paragraphe 13 de la constitution du 9 avril 1636, concernant les affaires écclésiastiques et criminelles, il est aussi question de querelles et de chamaillis, résultant d'une témérité de la jeunesse, et par conséquent *ex mera lascivia*, de la méchanceté et de la malice, où souvent il y avait conflit entre la force publique et la force privée. Le paragraphe précédent contient une description encore plus nette des mœurs de ce temps-là. Il renferme ce qui suit :

«Tout le monde sait concernant les disputes, provocations et «différends, à quel comble fâcheux ils se sont accrus jusqu'ici, «que ces querelles n'ont pris naissance non seulement par suite «de raisons insignifiantes et déshonorantes pour leurs auteurs, «mais aussi parce qu'on ne voulait pas se contenter du droit et «de l'égalité; que, pour y rémedier, on réintroduisit le droit du «plus fort qui, portant atteinte à notre autorité et à notre «suzeraineté territoriale, a osé s'emparer de la justice d'une «manière inexcusable et provoquer les partis au combat. Ainsi «donc beaucoup d'hommes sacrifièrent la vie dans le courant de «l'année dernière de manière ou d'autre, et périrent impunément «non seulement des nobles, mais aussi des personnes d'une con-«dition inférieure. Tout notre pays est pour ainsi dire inondé «d'un sang qui crie vengeance au ciel.»

«Par cette raison, et afin de ne pas attirer sur nous et sur «notre bien chère postérité le courroux et l'anathème du dieu «vengeur, et pour ne pas avoir à redouter les sévères châtiments «qu'il a annoncés dans sa parole révélée, nous croyons devoir «faire quelques changements relativement à cela.»

Les dispositions à cet égard de l'empire d'Allemagne et les défenses particulières des princes n'arrêtèrent que faiblement l'exercice du droit du plus fort, que la noblesse regardait comme un droit précieux, et dont elle regretta amèrement l'abolition encore l'année 1620. Voilà pourquoi depuis 1512 ou déjà depuis la bulle d'or (1356) les décrets de l'empire furent si souvent rappelés, et quand les transgresseurs n'osèrent plus s'attaquer publiquement, ils continuèrent en secret leur brigandage et leurs meurtres. A mesure que tout cela s'effaça, grâce à l'autorité affermie des tribunaux, à l'amélioration de la police, et par suite des mœurs et du genre de vie nouveau de la noblesse, s'introduisit le duel usité de nos jours dans les affaires d'honneur.

Dans les défenses de la vengeance privée ci-dessus mentionnées, c'est une chose choquante que le duel se trouve entièrement interdit, tandis que les rixes sont seulement circonscrites dans de certaines limites. Cela est contraire à notre manière de voir actuelle, d'après laquelle le duel est réputé honorable, et le chamailis bas et indécent. La raison de cette différence se trouve apparemment fondée sur le droit de la défense personnelle avec l'épée ou sur le *moderamine inculpatæ tutelæ*, accordé aux gens privilégiés pour défendre légalement l'honneur, le corps et la vie.

CHARLES D'ANJOU, frère de SAINT-LOUIS, et PIERRE D'ARRAGON se provoquèrent après les Vêpres siciliennes; le pape MARTIN leur donna même sa permission, et PHILIPPE-LE-HARDI, roi de France, leur assigna une arène à Bordeaux. Qu'y avait-il de plus sacré, de plus légitime et de plus solemnel que ce duel! Ici, il paraît difficile de sauver l'honneur sans répandre du sang. Voici pourtant ce qui arriva. CHARLES alla se présenter à l'endroit convenu le matin, et il en appela au témoignage des témoins, pour constater la non apparition de son adversaire qui n'arriva que le soir. PIERRE à son tour prit des témoins que CHARLES ne l'avait pas attendu. A l'aide de ces documents chacun avait fait son devoir, et ni l'un ni l'autre ne jugea plus à propos de faire une nouvelle provocation.

CHARLES V et FRANÇOIS I.ᵉʳ se provoquèrent, s'envoyèrent des cartels, se reprochèrent l'un à l'autre d'avoir menti honteusement et ne se battirent point.

EDOUARD III offrit le duel à PHILIPPE DE VALOIS. Celui-ci prétendit que le suzerain ne pouvait être provoqué par son vassal. Quand le vassal eut vaincu son suzerain, celui-ci le provoqua. EDOUARD vainqueur refusa alors à son tour le duel, et répondit qu'il serait absurde de risquer dans un combat tout ce qu'il avait gagné dans les batailles. Il est clair que tout honnête homme, ayant fait preuve d'une vie pure et irréprochable, et sachant réparer le tort qu'il aurait fait par faiblesse, pourrait opposer une réponse semblable à quiconque voulût décider par le duel quelque question soulevée dans la vie ordinaire.

SCHOTTEL *) rapporte quelques exemples de duels allemands, aussi vains et légers quant à leur motif, que, du moins l'un d'entr'eux, fut insignifiant. Ni la noblesse du cœur, ni le vrai sentiment d'honneur n'y entrèrent pour rien.

---

*) *De singul. quibusdam et antiq. in Germania juribus et observatis.*

Sɪɢᴇғʀᴏɪᴅ ᴅᴇ Fʀᴀᴜᴇɴʙᴇʀɢ se vanta l'année 1336 d'une origine plus illustre et plus ancienne que Hᴇᴄᴛᴏʀ ᴅᴇ Tʀᴀᴜᴛᴍᴀɴɴsᴅᴏʀғ, chambellan impérial. Celui-ci demanda et obtint de l'empereur Lᴏᴜɪs la permission d'un duel. Les deux partis présentèrent à l'empereur leurs documents historiques. Celui ᴅᴇ Fʀᴀᴜᴇɴʙᴇʀɢ prouva son ancienneté de 213 ans, le chambellan la sienne de 352. Ensuite ils s'engagèrent au combat par un serment solemnel, de manière que le vaincu appartiendrait au vainqueur tout vif et avec les armoiries. Sɪɢᴇғʀᴏɪᴅ ᴅᴇ Fʀᴀᴜᴇɴʙᴇʀɢ succomba et fut vaincu. Le vainqueur en fit présent à l'impératrice, et sur le bon plaisir de celle-ci, l'empereur rendit le prisonnier entièrement à la liberté, de manière cependant que dans toute occasion la race des Tʀᴀᴜᴛᴍᴀɴɴsᴅᴏʀғ devait l'emporter sur les Fʀᴀᴜᴇɴʙᴇʀɢ; et en cas que ces derniers vinssent à manquer à cette condition, ils devaient payer 100 marcs d'or à l'empereur et 50 aux Tʀᴀᴜᴛᴍᴀɴɴsᴅᴏʀғ.

Toutes les lois et autres dispositions légales ci-dessus mentionnées n'ont en rien contribué à la diminution ou à l'entière abolition du duel; c'est le seul progrès de la moralité publique qui pouvait en diminuer le nombre. Des guerres sanglantes les avaient fait reparaître, lorsqu'une paix de quinze ans les rendit moins fréquents. Ils en est qui se plaisent à voir dans le duel un usage barbare, héritage des tems anciens; d'autres le regardent comme un simple préjugé. Si la première supposition était vraie, le duel aurait disparu depuis que nos mœurs modernes ont tant gagné sous le rapport de la douceur et de l'humanité; mais nous voyons au contraire que le duel est exercé par les classes les plus éclairées, tandis qu'il est rarement en faveur auprès de ceux qui se trouvent dans les derniers rangs. Si, au contraire, le duel n'était qu'un préjugé, l'expérience nous apprend que plus les préjugés sont enracinés chez un peuple, moins ils sont bannis et extirpés par la rigueur des lois, et qu'ils ne disparaissent qu'en tant qu'ils perdent dans l'opinion publique. Puisque donc les défenses et les punitions sont également impuissantes, il semble naturel de voir une mesure efficace dans le ridicule dont on couvrirait les duels. Tous les fantômes enfantés par l'ignorance et la superstition ont fléchi devant cette arme redoutable. Depuis quelques tems l'Allemague vit se former dans les différents corps militaires des tribunaux spéciaux chargés de prononcer sur les affaires d'honneur, et l'on ne saurait nier l'heureux résultat que l'on obtint de cette manière. Tout officier est tenu d'avertir cette cour de justice avant que de se rendre sur le terrain. Si l'offense est trop légère, celui qui l'a faite est forcé d'avouer son tort; mais si elle est trop grave et publique, les juges permettent le duel. Les querelles des faux braves ne sont pas prises en considération, et le corps des officiers n'est plus exposé aux importunités de ceux qui, ayant acquis une trop grande agilité dans l'exercice des armes, seraient tentés de chercher toujours dispute aux autres. Souvent il y a préjugé chez les aggresseurs en ce qu'ils ne veulent pas reconnaître leur tort; mais, dès qu'ils y a un véritable tribunal investi des pouvoirs nécessaires, celui qui ferait une offense quelconque à qui que ce soit est toujours obligé d'en faire l'aveu. J'ai souvent remarqué que l'agresseur même après le duel n'a pas voulu convenir de son tort, prétendant qu'il avait donné satisfaction à l'offensé. Alors si celui qui a manqué ne veut pas convenir de sa faute, son adversaire restera toujours offensé; par cette raison, on voit en résulter une animosité et une haine telles que souvent elles donnent lieu aux suites les plus fâcheuses.

Il en est qui pensent qu'il faut permettre le duel aux soldats et le défendre aux bourgeois. On dit encore que le soldat a l'habitude des armes et qu'elle manque à ceux-ci. Mais toutes ces raisons ne peuvent rien pour amener un accomodement après l'offense. En ce cas ou le bourgeois en abusera en offensant impunément le militaire, ou bien celui-ci traitera l'autre avec mépris, pour n'avoir point le droit de défendre son honneur. Tout cela disparaît dès que l'on admet un tribunal d'honneur. Celui qui offensera avec préméditation est blâmé de tous, on l'évite dans tous les cercles, et de cette manière il se voit forcé de changer de conduite. Si les lois voulaient permettre le duel et cependant en punir les suites, elles seraient accidentelles, inapplicables, et il en résulterait nombre de questions, qui demenderaient des éclaircissements. L'accusateur public examinera-t-il les blessures légères ou graves, ou bien seulement les décès? Quelle blessure sera jugée légère? Quelle autre paraîtra grave aux yeux du juge? Il est des blessés qui restent en vie lorsqu'une balle ou une épée a traversé leur corps, tandis qu'il y en a d'autres qui, bien que légèrement blessés, se meurent du trisme.

On voit quel pouvoir il faudrait reconnaître au juge, pour établir la gravité et la culpabilité des blessures. Celui qui, étant gravement offensé, vient à tuer son adversaire, doit-il subir le même châtiment que le vainqueur, qui aurait offensé par méchanceté et avec préméditation? Y 'aurait-il des raisons d'excuse, et quelles seront-elles? Si l'on veut qu'il y en ait, on trouvera toujours quelque prétexte pour éluder la loi, et au lieu qu'elle soit d'une utilité reconnue, elle ne manquera pas d'encourir le ridicule. Si l'on ne reconnaît aucun motif d'excuse, l'offensé, devant en tout cas être puni, préférera pour se venger le poignard, puisqu'il peut espérer que son action s'accomplira dans l'ombre du secret, et que, de cette manière n'étant pas exposé à son adversaire, il n'a rien à craindre pour ses jours.

Les Grecs et les Romains n'avaient, dit-on, point de duel; ce qui prouve qu'ils différaient avec nous sur les idées de l'honneur et de l'opprobre, tout comme nous voyons encore aujourd'hui d'immenses différences dans l'opinion des peuples. Le Japonais, p. ex., lorsqu'il est offensé, s'ouvre le ventre et meurt, parcequ'il préfère de ne pas vivre plutôt que d'être offensé. Son offenseur l'imite, parce qu'il ne veut pas être réputé homme sans honneur, pour avoir survécu à l'offensé.

Il y aurait certainement injustice à exiger que l'homme insulté livrât encore ses jours à la discrétion de son adversaire, et il y en aurait plus encore si, sans expérience dans les armes, il devait se mesurer avec un homme qui en aurait l'habitude et l'usage. Comment donc y rémédier, si, comme l'observe judicieusement M.ˡ ᴅᴇ Vᴀᴜʟx, la vengeance de la loi est insuffisante et même plus préjudiciable au bonheur domestique, en ce qu'elle est publique? On pourrait objecter, il est vrai, que chaque duel devant être porté devant le tribunal d'honneur, la publicité aurait lieu également; mais cette cour de justice dans chaque endroit et d'une condition quelconque, aurait l'obligation du secret, de sorte qu'il n'y aura pas plus d'éclat qu'avec les seconds ou témoins qui d'ordinaire engagent leur parole d'honneur de ne jamais divulguer le fond d'une affaire délicate.

Après des guerres sanglantes, les duels sont plus fréquents; l'homme alors est accoutumé au carnage et à la mort, et cette influence des grands combats entre les nations s'étendra plus ou moins sur tous les rangs de la société. Mais en tems de paix bientôt la moralité publique bannit la dureté des mœurs sauvages, et dans les cercles de la vie sociale, la délicatesse des sentiments d'un sexe qui fait les charmes de la vie domestique, adoucit l'impétuosité des passions guerrières. De cette manière, le duel s'affaiblit par le cours naturel des choses et sans l'intervention des lois. L'homme sans éducation, qui voudrait enfreindre ce que lui prescrivent l'équité et la justice, est retenu par les lois. Quant au querelleur, il est mal vu dans toute bonne société ; chacun l'évite, et le sexe surtout le punit de son mépris. Il fut un tems où l'on osait faire parade de ses duels et de ses meurtres ; de nos jours, on se taît là-dessus, non par crainte de la punition légale, mais parce qu'on aurait honte de passer pour un spadassin. C'est ainsi que le préjugé du duel tombe peu à peu, et les lois sont superflues. Si toute fois il y avait possibilité d'empêcher le duel par la sévérité des lois, il faudrait voir encore si les suites ne seraient pas bien plus préjudiciables pour la sûreté et la moralité publique. A compter le nombre de ceux qui périssent l'épée à la main et pour une affaire d'honneur, il serait difficile de prouver qu'il n'y eût pas un plus grand nombre de victimes, alors que le duel se trouverait rigoureusement aboli, et que la vengeance se servirait indistinctement de toutes les armes, depuis la calomnie jusqu'au poison et au poignard pour se satisfaire. Quelle sûreté y a-t-il encore pour le père, l'époux ou le frère, lorsqu'il vient à être offensé dans sa femme, dans sa fille, ou dans sa sœur, et que l'offenseur jouira encore du plaisir d'exposer l'affaire devant un tribunal, où elle ne manque pas de devenir publique? C'est un véritable triomphe pour le méchant que de répéter son offense devant un nombreux auditoire, et il ne croit pas le payer trop cher avec les frais du procès, par l'emprisonnement ou par une réparation publique, que le tribunal exige dans quelques contrées de l'Allemagne. Certes, de grands malheurs sont déjà résultés de la rigueur des lois pénales. Alors le duel se pratiquant en secret dans la chambre ou dans les bois, beaucoup d'hommes tombèrent victimes des embûches, de l'abus, de la faiblesse, de l'ignorance des seconds, et même de leur méchanceté et de leur perfidie. Dans les anciens jugements de dieu, les armes étaient soumises à un examen scrupuleux ; chaque combattant devait jurer de ne point employer des moyens de défense illégaux, l'endroit était fixé d'avance et l'affaire se vidait en public. Je me réserve de démontrer plus tard le danger des duels secrets, si les développements nécessaires ne m'entraînent pas au-delà du sujet tel que je me le suis proposé.

Si, comme nous l'avons déjà observé , tous les essais de la législation pendant des siècles n'ont pas réussi à abolir le duel, nous pouvons ajouter que les lois souvent se prêtent à l'injustice. Souvent il arrive que le prince, le ministre, le juge qui donne sa sentence , punit un coupable tandis qu'il absout tel autre. Deux exemples suffiront pour le prouver : Deux jeunes officiers s'étant battus, le prince jugea à propos de les reléguer, eux et leurs seconds, dans une prison d'état. Trois années après, l'un de ces officiers ayant offensé le favori du prince, celui-ci lui ordonna de se battre. Le jour et l'heure non seulement furent fixés, mais le monarque fit même le choix du second pour son favori; ni l'un ni l'autre ne fut puni, et l'offenseur, qui au paravant avait été mis en prison , obtint sa grâce. Une autre fois et dans un autre pays, un favori ayant obtenu la préférence sur un autre , celui-ci le provoqua. Le prince ordonna le duel, mais tandis que l'agresseur fut enfermé pour dix ans, le favori en fut quitte par une détension de quinze jours. Je pourrais citer plus d'exemples encore, mais cela doit suffire. À mon avis, les tribunaux d'honneur seuls pourront conduire à des résultats plus heureux. Leur organisation devra être soumise à la sagesse d'une commission spéciale; pour moi, je crois satisfaire au désir d'être utile à mes semblables en reproduisant des conseils que j'avais déjà proposés il y a vingt-six ans. Les législateurs pourront examiner ce qui peut convenir dans leur pays respectif.

Voici le plan d'après lequel on pourrait organiser ces tribunaux :

Les jugements d'honneur seront de trois espèces :

1.º Les juges seront exclusivement des militaires , si les deux partis appartiennent à cette condition.

2.º Ils seront choisis dans la bourgeoisie et dans l'ordre militaire, lorsque les partis sont de l'un et de l'autre.

3.º Ils seront pris exclusivement dans la bourgeoisie, lorsque ni l'un ni l'autre n'est soldat.

Chaque duel sera porté , avant qu'il ait lieu, devant le tribunal. A défaut de la permission, le coupable sera puni d'une manière quelconque , quand même il aurait passé la frontière pour se battre. Le voyageur seul pourra être exempt de la punition. Celle-ci sera déterminée en raison de l'offense et de la fortune de l'offenseur , ainsi que de la position de l'offensé.

Outre les juges ou les seconds choisis par eux , personne ne sera témoin du combat. L'offensé instruira le tribunal de sa provocation , ou bien le tribunal la fera en son nom.

Les juges feront comparaître les deux partis ; s'il est impossible d'en venir à un accommodement, ils permettront le duel, choisiront les seconds, puniront d'après la règle celui qui est imprévoyant par préméditation, et inscriront tous les duels dans un protocole qui sera envoyé de trois mois en trois mois à l'autorité supérieure.

Les fonctions spéciales des juges seront d'examiner chaque fois, si l'offense est trop grande pour être vengée autrement que par les armes. De ce nombre sera l'insulte , la calomnie, le mauvais traitement, l'atteinte portée au sexe. Dans ces cas , le tribunal punira le coupable d'après les dispositions légales, c'est-à-dire en permettant le duel, en choisissant les seconds et en accordant aux partis des armes égales.

Le tribunal préviendra, s'il est possible, le danger lorsque l'une ou l'autre parti se livre à trop d'impétuosité et mettra un terme, toutes les fois que l'offenseur n'avouera pas son tort, ou que l'offensé ne voudra pas se contenter.

Avant de passer outre, je dois faire observer que, d'après un préjugé maintenu en Allemagne, l'offenseur ne veut ni retirer sa parole ni demander pardon, mais qu'il croit remplir son devoir en acceptant la provocation de l'offensé. J'ignore si cette fausse maxime est admise en France. Il est clair que celui qui peut offenser sans éprouver de la répugnance, trouvera superflu de convenir de sa faute lorsqu'elle est faite. L'homme juste trouvera cependant qu'il est plus noble de convenir d'une erreur plutôt que de commettre une faute irréparable. Si des hommes sanguins peuvent offenser facilement par une surabondance de gaieté et de traits piquants, ou bien même par l'emportement, pourquoi voudraient-ils refuser un aveu, qui sans doute ferait honneur à leur franchise? Qu'il me soit permis de citer à cet égard un seul exemple. Deux officiers , amis intimes, sont assis à la même table ; l'un offense l'autre par une parole indiscrète. L'offensé exige réparation d'honneur, l'autre ne croit pouvoir la donner autrement qu'en se présentant sur le terrain. Le duel a lieu le lendemain et l'offensé tombe percé d'une balle. Le tribunal condamne l'agresseur à être décapité. Il fut forcé de s'enfuir pour prendre service à l'étranger, et ce n'est qu'après plusieurs campagnes qu'il a obtenu son pardon. C'est de cet officier même que je tiens cette aventure. Si l'on admet un tribunal d'honneur, il punira l'offenseur quand même il lui permettra le duel. Il fera plus, il déclarera infâme celui qui , sans raison plausible, offenserait qui que ce soit. Souvent il est difficile de reconnaître l'offenseur, lorsque les deux partis se croient offensés. Dans ces cas le tribunal punira tous les deux. Quant au choix des armes, il restera libre à l'offensé.

En Allemagne il arrive souvent que les duellistes , en se proposant chacun à son tour une arme plus dangereuse, finissent par se lacher des pistolets à coup portant. Pour prévenir un tel inconvénient, l'offensé sera tenu à choisir l'arme; et si tous deux se croient offensés, c'est le sort qui en décidera. En persécutant les seconds devant les tribunaux, on a souvent provoqué des dangers incontestables. Si au contraire l'affaire est présidée par un jury, tout s'exécutera plus loyalement. C'est pour avoir puni jusqu'au chirurgien, que plusieurs malheureux ont péri faute de secours.

L'organisation des tribunaux d'honneur sera confiée à la sagesse d'une commission spéciale. Les membres d'un pareil comité sauront lever la différence des conditions et déterminer si ces tribunaux sont nécessaires dans toutes les villes du royaume, ou seulement dans les chefs-lieux de préfecture dans chaque département. Les juges auront leur président dont le vote sera décisif, toutes les fois que les suffrages se partagent également des deux côtés.

Le tribunal d'honneur n'ordonne jamais le duel ; il les permet seulement et nomme les seconds. Il n'est pas en rapport avec les tribunaux ordinaires ; mais il adresse au ministre de la police des tablettes d'instruction où il ne taira que le nom des offensés dont l'affaire aurait été trop délicate. Les punitions pécuniaires seront versées dans une caisse de bien faisance. C'est à la commission d'aviser aux mesures ultérieures que l'organisation des ces tribunaux rendra indispensables.

Si le gouvernement vient à se convaincre que tel tribunal, loin de remplir son mandat, favorise et multiplie les duels, il le fera casser pour le remplacer par un autre.

Toutes ces remarques n'ont d'autre but que d'appeler l'attention de la commission sur certains objets qui ne sont pas sans importance, et d'effleurer en passant les obligations d'un tribunal d'honneur. On dit que les tribunaux d'honneur ont été rejetés par la chambre délibérative en Prusse , et Reibnitz à cette occassion a nommé huit états différents auxquels il faudrait accorder des tribunaux spéciaux. Je démontrerai l'utilité des tribunaux d'honneur en parlant des usages à observer dans le duel. Il faut savoir si les parents , tels que le fils, le père, ou le frère, peuvent se remplacer dans une affaire d'honneur. Je me rappelle le cas qu'un frère voulant ménager l'autre qui avait des enfants, se rendit de bonne heure sur le terrain , de sorte que l'offensé trouva son adversaire déjà puni à son arrivée. Les siècles passés nous ont transmis, à quelques modifications près, les usages qui accompagnent le duel. Il y a 50 ans que l'offensé avait le droit de tirer ou de frapper le premier, aujourd'hui c'est le sort qui en décide , ou bien chacun se défend comme il le veut. La première chose qu'exige le duel c'est la provocation qui suit immédiatement l'offense ou qui se fait plus tard. Dans le premier cas, on convient aussitôt de l'heure et de l'endroit, et dans les cercles de haute société, on n'a qu'à demander une explication. La provocation se fait par écrit ou bien verbalement, soit en propre personne ou par l'entremise d'un second. Le choix des armes est déterminé aussitôt après la provocation. Il faut ensuite des seconds pour qu'un duel soit légal. Ils sont témoins que de part et d'autre on n'a pas recours aux moyens artificieux et aux embûches. S'il arrive qu'un homme périsse sans qu'il y ait eu des témoins, celui qui aura survécu peut être soupçonné d'un assassinat, et il est hors de doute que le tribunal civil ait le droit de s'enquérir de l'affaire et de le punir. Les devoirs des seconds sont de différentes espèces. Ils examinent l'égalité des armes et fixent la position des deux partis ayant égard en cela au soleil et au vent. Souvent ils doivent charger les pistolets , si les deux adversaires ne s'en acquittent pas en leur présence. Cependant l'usage de faire charger par les seconds n'est pas sans inconvénient, car il es possible ou qu'ils ne mettent pas de balles dans les deux pistolets, ou dans l'un par exemple une balle de mercure , de sorte que l'un des combattants est exposé, tandis que l'autre ne l'est pas. Souvent la méchanceté des témoins peut amener d'autres dangers , soit en parant ou en arrêtant le coup de l'un pour l'exposer à l'atteinte de l'autre. Tous ces inconvénients disparaissent avec un tribunal tel que nous l'avons mentionné. Alors il y aura toujours trois seconds qui détermineront la distance et qui arrêteront les combattants lorsqu'ils viennent trop à se rapprocher ou que l'un d'eux aura été blessé. Des provocations faites par méchanceté et par calcul ne sauraient trouver lieu, et ainsi disparaissent beaucoup de cas arbitraires qui n'étaient pas sans danger. Il me souvient d'un cas semblable qui fait frémir d'indignation : Deux duellistes étaient convenus de ce placer à dix pas, d'avancer et de tirer comme ils pourraient. L'un ayant manqué son coup, l'autre fond sur lui, lui porte la main sur la poitrine et tout en disant à voix basse : Voyez, comme son pauvre cœur palpite ! il lui lâche la balle à bout portant et l'étend mort par terre.

Moi-même j'ai été en butte à la perfidie d'un témoin. J'avais à venger une insulte faite à ma femme sur un adversaire qui m'était déjà connu par sa perfidie. Il sut gagner mon second et de connivence avec lui, il cacha derrière les arbres (le terrain avait été choisi dans un bois) quelques uns de ses amis qui devaient me provoquer successivement, si j'eusse blessé mon adversaire. Je fus atteint d'une blessure et je pus facilement remarquer la joie qu'en éprouvait mon indigne second. L'amiral suédois Tordenskiold aussi périt victime pour avoir souffert que son adversaire se servit d'une épée plus longue que la sienne.

De pareilles choses ne sauraient avoir lieu si nous admettons un tribunal d'honneur. Alors il n'y aura plus des témoins perfides, mais des médiateurs qui se feront un devoir de réconcilier les parties. On a souvent observé que les combattants, loin d'être retenus par leurs témoins, étaient animés et poussés au crime par leurs gestes ou par leurs propos. C'est ainsi qu'un de mes amis, homme de moyenne grandeur, eut affaire à un adversaire d'une taille peu commune. Le second de mon ami ayant observé le côté faible de l'adversaire, lui en fit part, l'excita par ses discours au point que, suivant ses conseils, il fit couler le sang de son ennemi ; ce qui attira au vainqueur la disgrâce et l'exil. Un tribunal d'honneur comprendra bien autrement ses obligations. Il modérera par tous les moyens possibles l'ardeur des combattants, et s'il ne lui est pas toujours donné de leur faire goûter les conseils de la sagesse, du moins il ne leur permettra jamais de réitérer l'attaque au pistolet jusqu'à sept et huit fois, comme cela est déjà arrivé en ma présence. Il forcera l'offenseur de convenir de son tort ; mais si l'offensé ne voulait se contenter ni de cette déclaration de la partie adverse, ni d'un premier ou d'un second duel, il sera permis aux juges de décerner contre lui une punition légale.

Plus d'une fois l'indiscrétion d'un témoin a coûté la vie à un homme. Je me rappelle qu'en 1805 un jeune homme fut renversé d'un coup de pistolet parce que son second avait eu l'imprudence de proférer des menaces. La mauvaise foi des témoins peut devenir funeste sous tous les rapports.

Un jeune officier ayant été offensé par un militaire du même grade, ils convinrent de se battre au pistolet. L'affaire devait se vider par un seul coup. L'offensé, encore jeune et sans expérience, chargea son arme de manière à ce que la balle dut manquer nécessairement l'adversaire à la distance convenue. C'est ce qui arriva, et la vie du jeune homme était au pouvoir de son adversaire, grâce à l'insouciance des témoins; il ne dut sa vie, qu'à la prétendue générosité de l'offenseur. Un tribunal d'honneur, partant toujours des devoirs qu'imposent la justice et l'humanité, soumettrait toutes ces choses à des règles invariables, et ce n'est qu'alors que l'inexpérience des armes serait garantie contre les embûches de la méchanceté. La loi seule pourra bannir l'arbitraire et l'injustice. Il faudra, par cette raison, qu'elle entre dans les détails, qu'elle règle tous les usages et qu'elle prescrive un ordre invariable pour prévenir le jeu des hommes perfides et artificieux. Ainsi donc la loi non seulement assurerait le choix d'armes égales, mais elle indiquerait l'ordre dans lequel les adversaires s'attaqueraient, et des témoins honnêtes seraient présents pour surveiller la charge et le reste de l'exécution.

Autrefois on se battait à cheval, comme je l'ai dit plus haut; on ne m'a rapporté qu'un seul exemple qui paroîtrait confirmer cet usage dans les tems modernes; mais je ne puis en garantir l'authenticité. On dit qu'un jeune homme ayant manqué à un vieillard, celui-ci le provoqua au pistolet à cheval; que l'offensé se présenta effectivement pourvu de deux grands et vieux pistolets; que le jeune homme se trouva déconcerté à la vue de ces préparatifs et de la contenance mâle de son vieil adversaire; enfin que le jeune imprudent fut quitte de sa folie avec son cheval tué sous lui.

La maxime de ne jamais avouer son tort est incompatible avec un jury d'honneur; mais en attendant, elle peut faire beaucoup de mal. Le fait suivant vient à l'appui de cette vérité: Un vieillard ayant été offensé par un jeune insolent, celui-ci est provoqué et blessé par le fils de l'offensé. Mais le vainqueur, non satisfait de cette punition, se permet une nouvelle provocation dès que l'autre se trouve rétabli. La fortune se déclara encore pour lui, et bientôt après le vainqueur vint renouveler sa provocation. Alors le vaincu s'écrie : Quoi donc ! vous m'avez blessé deux fois et vous n'êtes pas satisfait ! L'autre lui réplique : Vous n'avez pas encore demandé pardon à mon vieux père ! L'offenseur se met en devoir d'obtempérer à ce vœu, et dèslors une prompte réconciliation raccommode les deux ennemis. Une autrefois, deux amis se brouillent à la suite d'une légère offense, et finissent par se provoquer. Arrivés sur le lieu fatal, l'amitié renaît dans le cœur des adversaires, ils s'embrassent, tout en maudissant la cruauté du sort, ils se croient forcés au combat, et c'est ainsi que, par suite d'un aveuglement fatal, l'ami dut expirer dans les bras de son ami !

Il y a de nos jours des différences notables dans l'emploi des armes chez les différentes nations. Les François ne se servent que d'un bras et ne reconnaissent d'autre désarmement que celui de faire tomber l'épée de la main de l'adversaire. Au reste, leur impétuosité naturelle, jointe à l'habitude de se servir du masque dans les salles d'armes, fait que les duels à la pointe de l'épée sont très-souvent dangereux en France. S'il n'en est pas de même en Allemagne de cette sorte de combat, parce qu'on ne s'y sert pas du masque, il y a également de graves dangers à courir lorsqu'on s'y bat au sabre et au pistolet, qui sont particulièrement en faveur chez les Allemands.

Il est encore une différence notable entre les duels à la pointe de l'épée en France et en Allemagne. Dans le premier pays, on ne se sert que d'un bras dans le combat, dans le dernier il est permis de désarmer l'adversaire à l'aide du bras libre.

Autrefois il était généralement d'usage de demander à l'adversaire désarmé et menacé de la pointe de l'épée, s'il était prêt d'avouer son tort ou s'il se croyait satisfait. Le tribunal d'honneur portera son attention aussi sur les dispositions légales qu'il faudra prendre à cet égard.

Parmi les anecdotes qui prouveraient le mieux tout l'abus qu'on peut faire du duel, il faudrait rapporter celle de l'oncle de Paris qui, pour corriger un neveu querelleur, l'aurait provoqué et blessé plusieurs fois de suite, jusqu'à ce que le jeune homme reconnut le tort de sa conduite. Une autre fois, on rapporte qu'un particulier ayant invité à sa table un soi disant spadassin, il lui proposa le duel après le repas. On ajoute qu'ils convinrent

de se mettre aux deux bouts de la table et d'éteindre, avant
que de tirer, toutes les chandelles; que le fameux duelliste ayant
manqué son coup, l'autre pour le confondre le surprit caché
sous la table. Vraie ou non, cette anecdote fait voir à quel
point on peut se jouer quelque fois d'un moyen de défense,
qui ne devrait être réservé que pour des cas graves et importants.

Les lois sévères contre l'usage du duel, outre leur insuffisance,
ont encore le désavantage deffrayer les seconds souvent au point
qu'il est difficile d'en trouver qui soient prêts à braver la punition
légale. C'est par suite de cette rigueur des lois qu'il me fallut
une fois voyager nuit et jour pour avoir des seconds.

On ne parlera plus de tous ces inconvénients dès qu'il y aura
un véritable jury appliqué au duel; et alors aucun combattant
ne pourra plus tromper l'autre en ayant recours à des moyens
de défense illégitimes, tels que des cartons, du linge, des cottes
de mailles etc. Le tribunal surveillera surtout aussi la méchanceté
de ces faux braves qui, sans raison plausible, seulement par suite
d'une aveugle prévention, voudraient provoquer des hommes
inoffensifs et innocents. Il leur imprimera le sceau de l'infamie
en affichant publiquement leur profonde immoralité.

Le fait suivant prouve cependant que le préjugé, comme de
nos jours, était souvent contrebalancé par la générosité. De
Vezirs de Quercy qui était continuellement en dispute avec son
voisin huguenot, nomme Régnier, lui avait plus d'une fois juré
la mort. Lors de la fameuse St.-Barthélémy, le protestant se
trouve à Paris, et tremble que De Vezirs ne profite de la
circonstance pour se venger cruellement. Mais tandis qu'il
s'abandonne à ces funestes appréhensions, son adversaire, suivi de
ses soldats, enfonce la porte de sa chambre, se présente l'épée
à la main et lui ordonne de le suivre sans retard. Arrivés hors
de la ville, le chevalier conduit le prisonnier dans son propre
château, où il le reçoit avec ces paroles : Ici vous êtes en sûreté;
le danger doit être égal entre deux braves adversaires; vous me
trouverez toujours prêt à vider notre querelle avec la décence qui
convient à des gentilhommes. Régnier veut protester de sa recon-
naissance; l'autre ne le laisse point achever, et reprend : Je vous laisse
la liberté de m'aimer ou de me haïr : Je ne vous ai sauvé que dans
l'intention de vous laisser le libre choix des moyens de nous satisfaire.

Il ne faut pas se cacher que les lois criminelles contre le
duel ont encore un désavantage, en ce que souvent les blessés

sont privés des secours que réclame leur situation, surtout lorsque le médecin craint d'encourir la punition des juges. Le tribunal d'honneur aura toujours soin qu'un chirugien soit présent lorsque deux hommes auront obtenu l'agrément de se battre.

Si je me suis permis de citer quelques exemples, c'est pour indiquer au comité qui voudrait s'occuper de cette question, les différents objets qu'il faudrait prendre en considération pour prévenir des malheurs. Si, par suite des tribunaux d'honneur, le duel quelquefois sera moins dangereux, d'un autre côté il ne sera plus une affaire de dérision. Il me souvient que des malveillants excitèrent l'un contre l'autre deux poltrons, jusqu'à ce qu'ils convinrent de se battre ; alors les seconds chargèrent deux pistolets avec des balles d'argent vif pour égayer les spectateurs. Une autre fois l'arme est chargée de suie et l'adversaire a la figure recouverte d'une couche noire. On se rappelle aussi l'anecdote de l'apothicaire qui proposa deux pillules, dont l'une empoisonnée, *si fabula vera*. Un officier, ayant été insulté par un postillon ivre de vin, fut regardé comme déshonoré pour ne pas l'avoir tué sur le champ ; les officiers du régiment s'adressèrent même à divers corps d'officiers de trois potentats pour savoir si l'on pouvait continuer le service avec cet homme. Autrefois c'était une maxime reçue que l'on pouvait tuer l'offenseur qui aurait refusé de se battre. Les tribunaux d'honneur préviendront tous ces abus. Et comment les militaires n'applaudiraient-ils pas à une semblable institution, lorsqu'ils y voient toutes les garanties qu'ils peuvent désirer ? Alors les amis de l'ordre et de la justice ne se verront plus en butte à d'indignes provocations. Je fus moi-même forcé d'aller sur le terrain pour avoir rappelé à l'ordre, vingt années auparavant, quelques jeunes étourdis de ma compagnie, confiés à ma surveillance, qui plus tard avaient passé officiers. Mes adversaires n'eurent aucun égard à ma position, étant père alors de huit enfants. Un tribunal d'honneur mettra un juste terme à de pareils scandales.

Je termine ici mes réflexions, et je me croirai récompensé de mon travail si les deux Chambres y trouvent quelques vues sages et utiles.

FIN.

LIVRES SUR LE DUEL.

Livres français.

Traité des combats singuliers par GOBDIN.

BASNAGE, dissertation sur les duels.

MONTESQUIEU, l'esprit des loix.

Apologie des duels de SIGNOL.

Essai sur le duel par SALAVILLE.

Projet de législation par D'AALAUCH.

Essai historique sur le duel par DE SAVARIN.

BENTHAM, traité de la législation. II, p. 104.

BORNIER, conférence des ordonnances. T. II, p. 377.

BERRINI-ST.-PRIXCOURT, du droit criminel.

MERLIN, répertoire. Vol. XV, p. 161.

CARNOT, commentaire sur le code pénal. II, p. 12.

DE SERRES, manuel des cours assises. p. 194 — 198.

PINET, le duel en jurisprudence et en législation.

Livres latins.

Concilium tritentinum sess. 25 de reform. C. 19.

CARAFA, de monomachia, tract. 2 sect. quæst. II.

BÜNEMANN, meditatio de nobilium Germaniæ, antiqua J. S.
App. III.

KLUGII, dissertatio de duellis.

BŒHMER, de iniquis. et injustitia. action. injuriarum.

VOET, de duellis licitis et illicitis.

CREMANI, Elementa juris crim. lib. II, cap. V, art. 10.

CARMIGNANI, jur. crim. elementa. Vol. II, p. 83.

Dissertatio de duellis. auct. VÆRHÆRE.

SCHOTTEL, de singuli quibusdam et antiq. in Germaniæ. p. 538.

Livres allemands.

V. BRAUNMÜHL, über den Zweikampf.

COUCAMUS, über das Duell.

ESCHER, Abhandlung über Gegenstände der Strafgesetz-
gebung. p. 82.

Lipowsky, Materialien. p. 140.

Welliner, Bemerkungen. p. 115.

Binder, Bemerkungen. p. 61.

Wagner, Zeitschrift. Heft V, p. 317.

Neues Archiv des Criminalrechts. 2r, 3r, 8r und 10r Bd.

Mittermeyer, über die Grundfehler etc.

Jenuli, das östreichische Criminalrecht. II. T., p. 279.

Klin, Annalen. XIX. B., p. 211. VI. B., p. 147, p. 143.

Mœser, patriotische Fantasien. IV. T., p. 135.

Grattenaur, über die Nothwehr. p. 115, 103.

Zeiler, Beitrag zur Gesetzkunde. I. T., p. 159.

Oersted, über die Grundregeln der Gesetzgebung. p. 330.

Hencke, Beiträge zur Criminal-Rechtswissenschaft. p. 456.

Reibnitz, Versuch über das Ideal einer Gerichts-Ordnung.
II. T. p. 13.

Schmid, Beiträge zur Criminal-Rechtswissenschaft. §. 550.

Stelzer, Kritick über den Entwurf von Eggers. p. 185.

Dreyer, Sammlung vermischter Abhandlungen. I. T., N. 1,
§. 21, 44.

Feuerbach, Revision der Grundbegriffe des peinl. Rechts.

Hübner, über Ehre und Ehrlosigkeit. p. 701.

Gerstlacher, Handbuch der deutschen Rechts-Gesetze.
IX. B., p. 1714.

Aschenbrenner, Grundsätze des gemeinen deutschen Rechts.
2r B., 326.

Filangieri, System der Gesetzgebung. IV. T., p. 205.

Thibaut, Beiträge zur Kritick der Feurbach. Theo. p. 109.

Eichhorn, Lehrbuch. §. 83.

Entwurf eines Duellgesetzes von De Vaulx.

v. Hennings Duellgeschichte.

v. Seckendorff, Gebräuche bei Duellen in Deutschland.

VOICI MON GANT

VOICI MON GANT